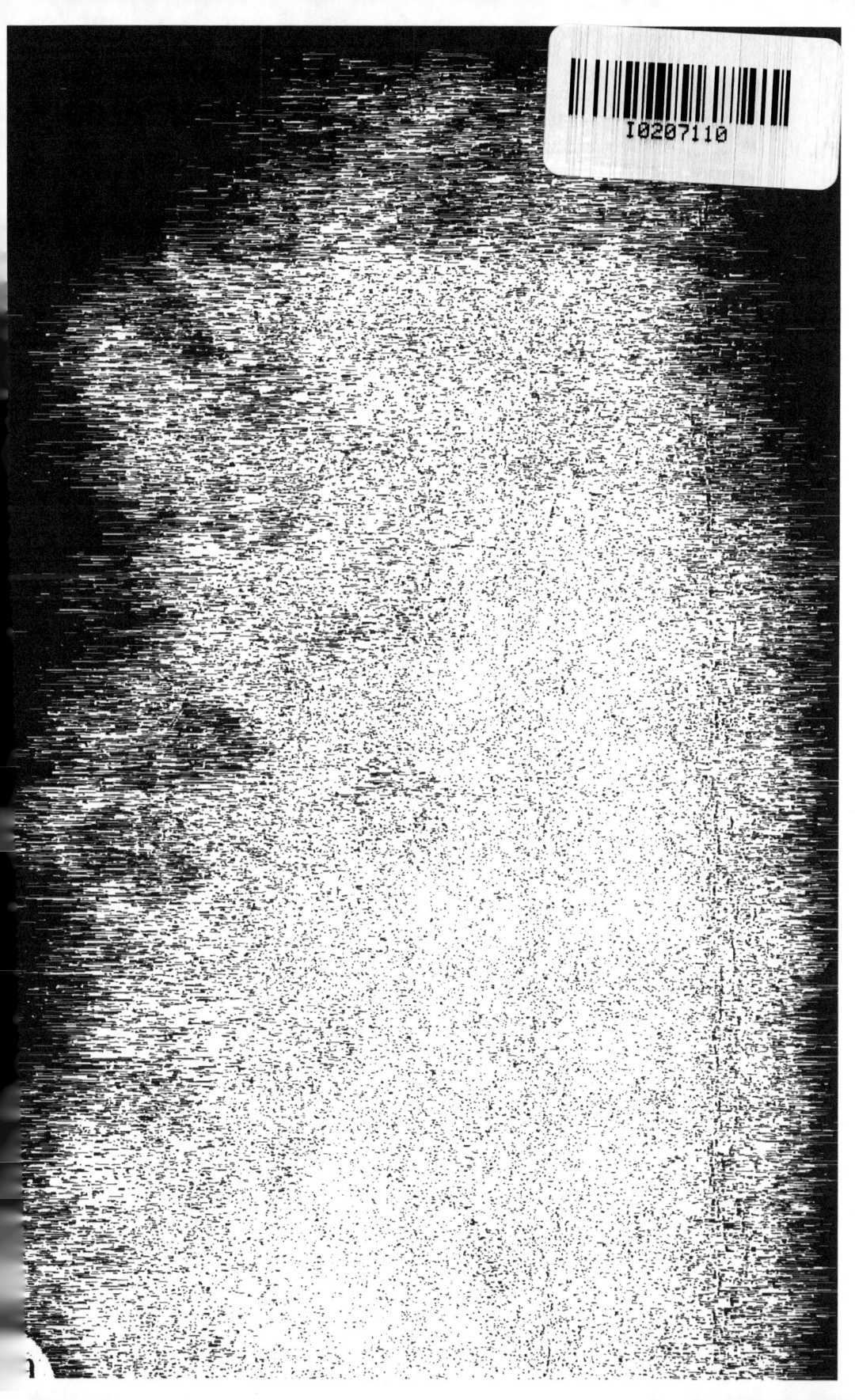

Allocution Familière

ADRESSÉE

A M. GEORGES BRUANT

HORTICULTEUR

ET A MLLE AMÉLIE FOURNIER

AU MOMENT DE LEUR MARIAGE

LE 4 AOUT 1868

Par M. l'abbé W. MOREAU

CHANOINE HONORAIRE DE LA CATHÉDRALE DE POITIERS,
PROFESSEUR DE RHÉTORIQUE AU PETIT-SÉMINAIRE
DE MONTMORILLON.

POITIERS
TYPOGRAPHIE DE HENRI OUDIN.
1868

SOUVENIR

DU

4 AOUT 1868.

Habebitis autem hunc Diem in monumentum : et celebrabitis eam solemnem Domino in generationibus vestris cultu sempiterno.

EXODE, XII, 14.

Ce jour vous sera un monument éternel, et vous le célébrerez par un culte sans fin, avec les fils de vos enfants, comme une fête solennelle à la gloire du Seigneur.

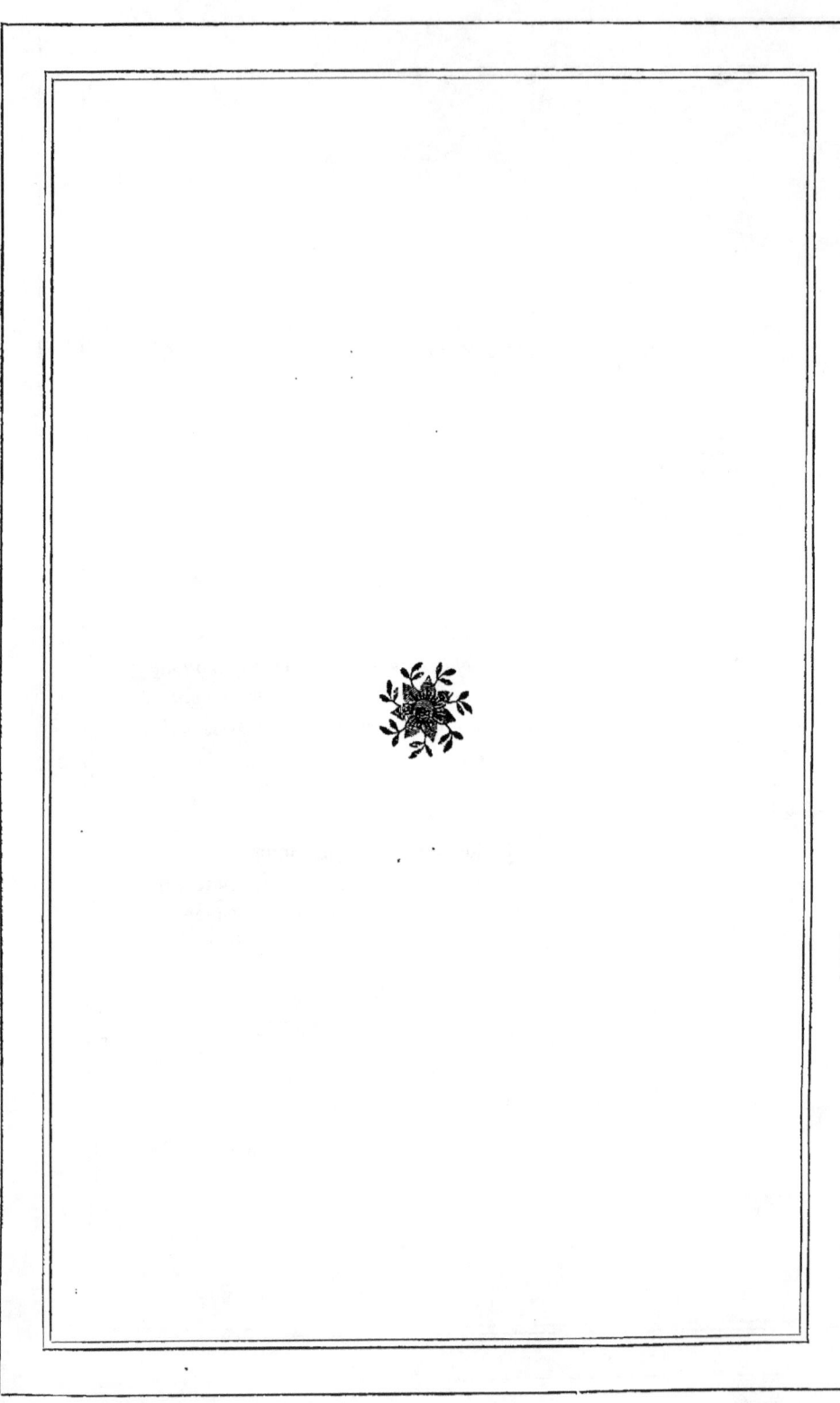

ALLOCUTION FAMILIÈRE.

Mon cher Georges, Mademoiselle,

Il est, dans la vie de l'homme, trois circonstances mémorables, circonstances qui font époque et dont le souvenir, quand est venu enfin l'âge du repos, nous parfume le cœur et résonne toujours à nos oreilles comme une douce et lointaine mélodie.

Le premier de ces jours, dont la mémoire doit être éternelle, jour dont le soleil nous éclaire, il est vrai, sans que nous puissions en avoir conscience, mais qui marque pour nous toutefois l'initiation à la vie spirituelle, est le jour de notre Baptême. Par le Baptême nous devenons chrétiens, c'est-à-dire d'autres Christs, et c'est là, soyons-en fiers, notre plus beau titre de gloire. — « *L'homme,* nous dit la sainte Écriture, *est un « tendre arbuste qui croît et se développe pour produire « des fruits, quand le temps sera venu ;....* » Mais, par vos occupations journalières, vous le savez mieux que personne, vous, mon cher ami, si une ente franche et généreuse n'est pas greffée avec soin sur le sauvageon, celui-ci ne portera jamais que des fruits âcres et d'une saveur amère. Avant le Baptême, hélas! nous étions de même incapables naturellement de produire des fruits pour la vie éternelle; mais après la greffe spirituelle du Christ Notre-Seigneur, si je puis m'exprimer de la sorte, voilà qu'une séve nouvelle a coulé dans nos membres ; nous sommes devenus francs, et notre tige régénérée peut alors obéir sans crainte aux généreux efforts de son printemps, et pousser des rameaux abondants jusqu'à ce que soit venue l'heure de sa première floraison.

Vous m'avez compris, n'est-ce pas, cher Georges, et vous, Mademoiselle, tendre fleur toute humide encore de la rosée de cette aurore bienfaisante, vous m'avez compris, et vous entrevoyez déjà cette seconde époque de la vie, mémorable entre toutes, où l'âme s'épanouit tandis que le cœur de l'adolescent, toujours embaumé des parfums de sa virginité, aime à répandre autour de lui les aimables senteurs de l'innocence : je veux parler du jour de la première Communion. — N'est-il pas vrai que si le printemps est la plus riante des saisons, si les heures de l'année où la nature ressent les tressaillements de la séve, où l'air est tiède, où les campagnes se couvrent de verdure et les prairies de fleurs éblouissantes, sont les plus belles et en même temps les plus mystérieuses que Dieu dispense à l'homme dans le cycle d'une année, n'est-il pas vrai aussi que l'âge où Notre-Seigneur Jésus-Christ visite pour la première fois une jeune âme, est le vrai printemps de la vie, et que le jour de cette communion est excellemment le jour des célestes efflorescences ?... Rappelez à votre mémoire ce jour mille fois heureux : vous étiez là comme des plantes délicates, disposées dans le jardin du Maître ; vos âmes ne s'étaient pas encore épanouies, et vous n'attendiez, pour entr'ouvrir vos timides corolles, qu'un rayon parti du Tabernacle. — « *Venez, ô Bien-Aimé*, répétaient autour de vous, avec l'Épouse des saints Cantiques, ceux dont les soins jaloux vous avaient cultivés pour l'autel, *venez ! car voici que l'hiver est passé, les « pluies se sont dissipées; les fleurs paraissent sur notre « terre, le temps de tailler est venu ; la voix de la « tourterelle s'est fait entendre ; le figuier a commencé à « pousser les premières figues, les vignes sont en fleur « et elles répandent leur parfum; venez !* »... Et, docile à cette voix amoureuse, le Dieu de l'Eucharistie, le Dieu qui fait germer les vierges est descendu en vous, s'abritant dans votre cœur comme dans un jardin fermé, car le Bien-Aimé se plaît à demeurer au milieu des lis : *Dilectus meus mihi et ego illi qui pascitur inter lilia.*

Voilà écoulées par conséquent deux grandes époques de votre vie, l'une prenant date au Baptême et l'autre à la première Communion : le Baptême qui, pour ainsi parler, est l'ensemencement de la vie spirituelle ; la première Communion qui en est la fleur. — Mais il ne suffit pas pour une plante de croître et de fleurir ; si elle ne porte des fruits, elle n'a rempli qu'une moitié de sa mission, et mérite d'ailleurs l'anathème lancé jadis contre le figuier stérile. Or, il est plusieurs manières de fructifier pour les greniers du Père de famille, et le Mariage chrétien est assurément une chose importante dans les vues de la Providence : *C'est là*, nous dit saint Paul, *un grand Sacrement dans le Christ et dans l'Église.* — En effet, le Sauveur, faisant du consentement mutuel des époux, exprimé devant le prêtre, un contrat religieux et sacramentel, a daigné le féconder de sa grâce sanctifiante pour qu'il fût comme un ruisseau de mystérieux amour destiné à distribuer dans les âmes, avec son divin sang, des vertus particulières.

Eh bien! cher Georges, eh bien! Mademoiselle, le voici venu ce jour appelé par tant de vœux, qui, en vous ouvrant des horizons nouveaux, vous initie à la troisième phase solennelle de votre existence et va commencer cette période décisive, d'après laquelle surtout vous serez jugés aussi bien par les hommes que par le Maître des cieux.

Saluez-le donc, car c'est un jour que le Seigneur a fait; jusque-là, avec l'heureuse insouciance qui est l'apanage du jeune âge, vous avez vu se développer en vous les germes précieux que des parents bons et prévoyants avaient déposés dans vos cœurs; les oiseaux chantaient autour de vous, les fleurs souriaient au soleil, et vos jours s'écoulaient sans amertume comme sans regrets, parce que le souverain Dispensateur ne vous a encore ménagé que des joies, et que vous avez pour vous l'avenir. — Oh! oui, saluez ce jour parce qu'il est grand!.... Mais, en acceptant la joie qui s'y rattache par un lien si naturel, ne vous laissez pas trop entraîner aux folles allégresses qui vous feraient oublier qu'avant tout, aujourd'hui, vous aurez reçu un Sacrement. — N.-S. Jésus n'a pas dédaigné de nous signifier que les noces lui sont agréables, puisqu'il les sanctifia par sa présence à Cana ; mais en même temps il a voulu qu'elles nous servissent d'exemple : les époux de l'Évangile, dans l'entraînement irréfléchi du bonheur, avaient oublié même les soins vulgaires qu'ils devaient à leurs convives, et avant la fin du festin nuptial le vin manquait. Oh! quelle ne fut pas leur confusion ! Jésus sans doute leur reprocha doucement cette négligence, évidemment commise par l'aveuglement du plaisir; mais, ne voulant pas, dans sa bonté, les laisser plus longtemps sous le coup de la détresse et de la honte, il fit pour eux son premier miracle, changea, vous le savez, l'eau en vin délectable, et de douces ivresses, des ivresses inconnues couronnèrent le merveilleux festin. — Je vous le répète donc à vous qui allez être aussi bientôt des époux privilégiés, je vous le répète : saluez ce jour de vos plus joyeux sourires, enivrez-vous de la joie légitime qu'il procure, mais enivrez-vous surtout de la grâce du Sacrement qui bientôt vous sera conféré. N'oubliez pas que la coupe dont vous portez aujourd'hui le bord à vos lèvres est d'un cristal bien fragile.... D'autres l'ont vue se briser entre leurs mains quand ils croyaient la saisir pour s'y désaltérer.... Et lors même que vous y sentez pétiller la liqueur suave et parfumée, songez toujours que l'amertume se trouve au fond du vase avec l'absinthe, et que vous devez vous garder de l'épuiser. — Mais non, vous serez, vous, des époux joyeux, parce que vous serez des époux sans reproche; vous serez des époux joyeux, parce que vous avez été des enfants purs et de candides adolescents ; vous serez des époux joyeux enfin, parce que vous allez vous approcher avec joie de l'autel du Dieu qui a réjoui votre jeunesse.

A peine êtes-vous sortis de l'âge qui ne sait pas les préoccupations, et tout à coup voilà donc que va sonner l'heure des grandes responsabilités ! Vous allez vivre d'une vie que vous ne connaissez pas encore. Mais je n'ai point de frayeur, car vous avez été préparés à la lutte par des parents attentifs : vous d'abord, Mademoiselle, cultivée avec tant de soin par une généreuse et tendre mère, tandis que votre père infatigable fécondait de ses sueurs le terrain choisi dans lequel vous deviez fleurir, pour être l'ornement et le parfum de son paternel amour. — Et vous aussi, mon bienaimé Georges, car vous n'avez connu jusque-là d'autres exemples et d'autres épanchements que ceux de la famille ; or, c'est à ce foyer surque se trempent les âmes, et nul des vôtres n'eût osé confier à une affection ou à des mains étrangères le soin de vous chérir comme le souci de vous former à la vertu. Votre père vous inculquait le rudiment des connaissances qui devaient constituer le labeur de votre vie et vous enseignait à la fois par ses œuvres de chaque jour, non moins que par la haute estime dont il jouit dans la cité entière, comment se forment les hommes utiles et les citoyens désintéressés. Et puis, — pourrais-je en effet l'oublier, moi si souvent l'heureux témoin des explosions de son cœur maternel? car, vous me permettrez bien ici, n'est-ce pas, ce retour sur des années englouties depuis longtemps, il est vrai, dans le gouffre du passé, mais dont le souvenir ineffaçable ne laisse point que de m'attendrir en me charmant toujours — les caresses de celle qui berça votre enfance ont dilaté votre jeune et filiale affection, généreusement payées d'ailleurs, je le sais, par le retour ambitionné des mères, pendant que, pour couronner le tableau, une aïeule toujours aimable resserrait autour d'elle, de plus en plus, les liens d'une intimité qui, entre vous et quelques amis de choix, ne s'est encore jamais démentie. — Tous les deux, en un mot, heureux enfants, vous jouissez de l'estime et de la considération que vos parents vous ont transmises comme un patrimoine indéfectible.

J'ai donc eu raison de le dire, je n'ai point de frayeur, car l'heure des responsabilités ne vous prendra pas au dépourvu. Oui, vous étiez dignes l'un de l'autre, et je remercie tout particulièrement le bon Dieu, mon cher Georges, de ce qu'il a daigné vous accorder de cueillir, sur votre chemin, la fleur si gracieuse que tout à l'heure je vais attacher à votre bras d'époux. — Plantes favorisées, vous avez été inondés de la séve chrétienne et catholique, — le soleil eucharistique a dès longtemps épanoui vos corolles, — et aujourd'hui voici enfin le temps opportun où vous allez porter des fruits. — Ah! puissent donc bientôt de tendres boutons et des fleurs nouvelles parfumer auprès de nous le parterre de la famille ! puissent de joyeux rejetons s'enlacer bientôt comme de fraîches guirlandes de roses autour de la table paternelle ! *Sic benedicetur homo qui timet Dominum.* Aimez la vertu, et tout vous sera donné par surcroît, car c'est ainsi que seront bénis ceux qui craignent le Seigneur !

POITIERS. — TYPOGRAPHIE DE HENRI OUDIN.

www.ingramcontent.com/pod-product-compliance
Lightning Source LLC
Chambersburg PA
CBHW070459080426
42451CB00025B/2935